AF562326

DEUX MANUSCRITS

DE LA

BIBLIOTHÈQUE MUNICIPALE DE STRASBOURG

RELATIFS A

LA RÉVOLUTION DE MULHOUSE EN 1587

PAR RODOLPHE REUSS

Le mouvement révolutionnaire opéré à Mulhouse en 1587 est assurément l'un des épisodes les plus connus dans le passé de cette industrieuse cité. Aussi les chroniqueurs contemporains, soit de Mulhouse même, soit des contrées voisines, ont-ils multiplié les narrations de cet événement si marquant dans l'histoire de la petite république. On en connait un assez grand nombre, dans les bibliothèques publiques de la Suisse surtout. Un certain nombre de citations en ont été tirées, à des époques différentes, par les historiens modernes de la ville, mais jusqu'à la publication récente de mon savant collègue et ami, M. Auguste Stœber, aucun de ces récits n'avait encore vu le jour en son entier.[1]

C'est pour compléter en quelque sorte le travail de l'érudit et zélé bibliothécaire de Mulhouse et pour payer en même temps mon modeste écot de reconnaissance au Comité du Musée historique, qui a bien voulu m'inscrire au nombre de ses membres correspondants, que je me propose de donner ici une courte notice sur deux

---

[1] *Die bürgerlichen Aufstænde in der Stadt Mülhausen am Ende des 16. Jahrhunderts, von August Stœber. Mülhausen, Risler*, 1874, in-8°.

autres relations inédites, relatives au même sujet et dont j'ai pu faire l'acquisition pour la Bibliothèque municipale de Strasbourg. Peut-être mes indications sommaires pousseront-elles quelque amateur zélé de l'histoire mulhousienne à les examiner de plus près, voire même à les mettre au jour.

I

Le premier de ces manuscrits a été trouvé à Bâle, chez un antiquaire, il y a cinq ans environ. Ce n'est autre chose qu'une copie, relativement moderne, d'une narration, déjà connue par maint extrait donné de nos jours par Mieg et par Graf. Elle a été rédigée, bientôt après les événements, par David Zwinger, pasteur à Mulhouse, contemporain du drame révolutionnaire et même acteur plus ou moins involontaire dans quelques-unes des scènes qui le composent.[1]

Notre manuscrit est un volume petit in-folio de 158 feuillets, relié en parchemin et qui semble avoir appartenu jadis à quelque dépôt public, car on lit sur la couverture : *N° I, litt. A*. L'écriture en est fine et serrée ; elle appartient, à notre avis, à la fin du XVIIe ou au commencement du XVIIIe siècle. Vers la fin du siècle dernier (1772), le manuscrit appartenait, d'après l'indication notée sur la garde antérieure, à Daniel Meyer, ministre du saint Evangile (à Bâle ?).

En voici le titre exact, tel que le porte le premier feuillet du volume :

Wahre Beschreibung und grundlicher Bericht von dem ursprung, anfang, zustand, anstellung und endschafft der wunderbaren rotterey,

---

[1] La narration de Zwinger paraît exister encore en un grand nombre de copies d'après ce qu'en dit Stœber, *op. cit.* p. V. Haller, de son côté, connaît, outre son propre exemplaire, qu'il affirme avoir été plus complet que tout autre (?), des copies aux bibliothèques publiques de Berne, de Zurich et de Saint-Gall. Des extraits, qui semblent avoir été passablement copieux, en ont été publiés, d'après Haller, dès le XVIIIe siècle, par Füsslin, dans ses *Beytræge zu der Geschichte der Eidgenossen*, p. 49—220.

burgerlichem tumult und maechtigen ubelstand der statt Müllhausen im Obern Elsass anno Christi MDLXXXVI angefangen,

Auch der unbefuegten und erbaermlichen gefangenschaft der frommen, ehrenvesten und weisen H. H. H. Othmar Fincken, Peter Zieglers, Johann Hartmanns burgermeistern und Hosea Schillinger's stattschreiber's, samp (sic) *andern aussgewichenen beyde des rath und von der burgerschafft, und wie sie vermittelst Gœttlicher Gnaaden durch gewaltige hœnd der fünff Orten loblicher Eydgnossschafft, Zürich, Bern, Glarus, Basel und Schaafhausen, in ihr vordrige dignitœt erhoben, rebellion aber gestrafft worden,*

beschrieben durch

Davidem Zwingerum, dienern der Kirchen daselbsten.

Ce titre est suivi d'un huitain, peu poétique, il est vrai, et qui est peut-être un produit de la muse de Zwinger lui-même. Il commence ainsi :

Was Gott ie schœpft übt sich im zanck et se termine par les mots :

. . . . . *Was nit in gotts lieb bran* (*brennt*)
Sterben muss und durch's fewer zergahn. »

Le récit même de Zwinger est suffisamment connu par les larges extraits, donnés de nos jours par les historiens d'Alsace et principalement par Mathieu Mieg (I, p. 154-203), pour qu'il puisse sembler inutile d'entrer dans une analyse détaillée de son travail. Nous dirons seulement — n'ayant relevé ces indications dans aucun de nos prédécesseurs — que Zwinger a partagé son récit en six chapitres, de longueur différente, et précédés d'une courte introduction. Le premier chapitre, récapitulant les faits initiaux du mouvement (*Vortrab der Handlung*) remplit dans notre manuscrit les feuillets 3^b-14^a. Le second chapitre narre le commencement même de la révolte (*wie das Feür des auffruhrs mit des teuffel's blassbaelgen angetrieben*), de la page 14^a à la page 26^a. Les « prétendus griefs de la bourgeoisie » (*vermeinte motiven der burgerschafft*) sont communiqués dans le troisième paragraphe (fol. 26^a-30^b). Le tableau des dissensions intestines, qui troublèrent alors Mulhouse, remplit le quatrième chapitre (fol. 30ᵇ-108ᵇ). C'est la pièce capitale du travail, déposition importante d'un témoin oculaire. Les feuillets 108ᵇ-136ᵃ forment la cinquième partie et nous racontent le siège de Mulhouse par les cantons protestants. Le sixième chapitre enfin contient la catastrophe finale (*end der tragœdia*) et le retour à l'ancien état des choses (fol. 136ᵇ-159ᵇ).

Le manuscrit se termine par les paroles suivantes :

« *Und also endet sich diese so klaeglich, mercklich, beweinliche und ewig gedenckwürdige histori burgerliche bewegung und auffruhr dieser statt. Der Herr behuete uns weytere vor leyd !*

Zwinger n'était pas Mulhousien de naissance, car il avait vu le jour à Bischofszell, en Thurgovie (*Beschreibung*, fol. 51ᵇ), mais il avait habité Mulhouse depuis une série d'années[1], quand éclata la révolution de 1587. Ses relations personnelles autant que ses sympathies politiques le rattachaient à l'ancien Magistrat, que visait la révolte populaire. Il n'aimait évidemment pas le populaire (*Herr Omnes*) et les meneurs du parti radical sont traités par lui d'une façon peu parlementaire[2]. Les deux autres pasteurs, ses collègues, qui se prononcèrent plus ou moins ouvertement pour l'ordre des choses nouveau sont à ses yeux des « anabaptistes » (*münstersche pfaffen*). Son impartialité n'est donc assurément pas entière. D'autre part son style — car il se pique d'en avoir — est par moments agaçant au possible, par suite de ses prétentions à l'érudition classique. Il ne résiste jamais au plaisir de placer une citation grecque ou latine, qu'elle soit ou non de circonstance. Tous les héros de l'antiquité défilent à travers ses pages, et dans une douzaine d'entre elles au plus, nous avons rencontré pêle-mêle Hippolyte et Phèdre, Admète et Thémistocle, Hannibal et Ninus, Antiochus Epiphane et Démade, Hérodote et Caracalla, Romulus, Hérode et Terpandre

---

[1] Zwinger nous dit lui-même qu'il prêcha son premier sermon à Mulhouse le 27 septembre 1582.

[2] « *Phocas und meerkaelber* », « *trotzig beeck und hæmmel* », etc.

de Lesbos. Tout cela dans le récit d'une révolte bourgeoise du XVIe siècle ! Parfois ses souvenirs classiques l'entrainent aux affirmations les plus puérilement absurdes, comme lorsqu'il nous raconte que les chiens prirent, eux aussi, part aux dissensions civiques de Mulhouse, et firent leur révolution canine. Il est vrai qu'il appelle saint Augustin, Orose et Salvien en garantie de la possibilité du fait.

Mais malgré tous ces travers, l'honnête Gibelin de Mulhouse[1] n'en est pas moins un auteur d'un certain mérite, un historien local comme on voudrait en rencontrer davantage parmi les chroniqueurs de notre province. Il n'est pas toujours pédant, comme on pourrait le croire, mais il est presque toujours un observateur sagace, un témoin bien informé de ce qui se passe autour de lui. Il ne nous donne pas seulement un résumé plus ou moins aride des événements, il les juge, quelquefois de travers, il est vrai, mais non sans finesse ; et cependant son récit nous laisse une impression de véracité complète, en ce sens qu'on le sent incapable de travestir volontairement les actes des plus antipathiques parmi ses adversaires. Quant à la forme de son récit, elle est éminemment vivante, les expressions originales, les locutions heureuses abondent, certains tableaux (surtout ceux où Zwinger figure comme acteur) sont d'une tournure tout-à-fait pittoresque. Nous citerons, comme exemples, la comparition du digne ecclésiastique devant le nouveau Conseil de la ville, ou les épisodes qui accompagnent et suivent la prise de Mulhouse par les confédérés helvétiques. A une époque où l'on imprime et réimprime tant de documents qui dormiraient sans inconvénient dans la poussière des bibliothèques et des archives, le récit de Zwinger mériterait peut-être, de préférence à bien d'autres, les honneurs d'une publication, au moins partielle, et son zèle pour les patriciens mulhousiens du XVIe siècle devrait bien lui susciter, ce me semble, un Mécène bienveillant parmi ceux de notre temps.

---

[1] C'est ainsi que Zwinger désigne le parti de l'ancien Magistrat, appelant ses adversaires les Guelfes. Ces mêmes dénominations se retrouvent d'ailleurs dans la *Tragoedia Mylhusina*, Stœber, p. 23.

II.

Le second des manuscrits dont nous avons à parler, a été acquis à Berne, en avril 1880, lors de la vente aux enchères de la bibliothèque de feu M. l'avoyer Christophe de Steiger, à Tschugg. Le n° 876 du catalogue de cette collection portait l'indication suivante : « MÜSSLIN, J., *Beschrybung der gelaegenheitt der statt Mulhussen*, manuscrit de la fin du XVIIe ou du commencement du XVIIIe siècle, d'environ 300 pages in-folio ». C'est seulement en recevant le volume que nous avons pu constater que cette *Description de Mulhouse* n'était autre chose qu'une relation, inédite elle aussi, de la révolution de 1587 et de ses suites immédiates. Le manuscrit, dont l'écriture est bien certainement du XVIIIe siècle, forme un volume de 154 feuillets petit in-folio, revêtu d'une reliure contemporaine en parchemin. Sur le plat de la couverture on lit, en caractères à moitié effacés : *Belagerung und innemung der statt Mulhusen, den 15. Junii 1587 beschehen.*

Au folio 1^a se trouve le titre que nous reproduisons ici textuellement :

« *Beschrybung der gelaegenheitt der Statt Mulhussen und dess unglücksaelligen unfalls und jamers der sich in derselben zytt von wegen der verfluchten uffruhr so sich zwüschen den uffrürischen burgeren unnd ihrer natürlichen oberkeitt sitt etlicher zytt daher zutragen, unnd von derselben eroberung von den 4 evangelischen stetten, namlich Zürich, Beren, Bassell unnd Schaffhussen, denn 15. Junii 1587 iars* ».

Ce titre est immédiatement suivi d'une description fort sommaire de Mulhouse, commençant ainsi :

« *Die statt Mülhussen ist nit ronnd noch gefirrt, sondern ist ihr form ablonng, fast alls ein ey. Sie hat zu jeder zytt zu dem rich gehœrtt unnd ein frey statt gewessen unnd ist allerwegen durch ihr natürlich oberkeit, welche von den burgern unnd innwonneren gemelter statt ist erwellt, geregiert wordenn.* »

Mais cette introduction générale ne comprend que trois pages environ. Dès le feuillet 2ᵇ le narrateur aborde l'objet spécial de son récit en prenant *ab ovo* les démêlés des Fynninger avec le Magistrat de Mulhouse, démêlés qui furent, on le sait, la cause ou plutôt le prétexte de la révolution subséquente. Nous donnons en note ce début, qui pourra servir à identifier d'autres copies du même récit, existant peut-être encore dans les bibliothèques de Suisse et d'Alsace et qui donnera en même temps au lecteur une idée du dialecte dans lequel est rédigée la narration que nous analysons ici.[1]

Le texte de la *Beschrybung* porte un cachet bien moins individuel, plus composé, plus officiel, en un mot, que le récit de Zwinger. Les préliminaires de la révolution mulhousienne sont racontés d'autre part avec plus de détails que dans les documents publiés par M. Stoeber, et ce caractère d'une narration plus développée se maintient jusqu'au bout. De plus la *Beschrybung* se distingue de tous les autres récits déjà connus par le grand nombre de pièces authentiques, documents publics et lettres particulières, intercalées dans le cours du récit. Partout où la clarté de la narration l'exige, et même en des endroits où le résumé le plus sommaire pourrait suffire, notre auteur anonyme incorpore à son récit les actes officiels, comme autant de pièces justificatives. Il en retranche parfois les dates et les formules de chancellerie, pour abréger son travail, mais le plus souvent il les donne intégralement, sous une rubrique spéciale. Il y a donc là, dès l'abord, une forte présomption de rédaction plus ou moins officielle ; présomption qui ne pourra qu'augmenter par la suite, ainsi que nous le verrons tout à l'heure.

---

[1] « *Nunn was etwas zitts ain burger inn disser statt, der hiess Hanns Fynninger, welcher sich in vorgangenem pemontischen Kriegen von synes wolhalltens unnd redlichen thatteen so wytt bracht, das er ein houptmanschafft erlannget, unnd durch solche mittel ein gutten vorraht an zittlichem gut eroberret, uss welchem er das schœnst burger huss, mit sampt einem boumgarten mit hochen murrennn umfasset so inn der statt Mülhüssen gellegen, hat bawen lassenn. Der hatt sich nun, allso in gutte ruw unnd glücklichenn vollstand gebracht und by synem wyb ein anzal kinder erzügt, unnd namlich dry sœhn, etc.* »

Le style de la narration est grave[1], la louange et le blâme restent généralement contenus dans les limites ordinaires du langage diplomatique.[2] Le narrateur sait aussi bien ce qui se passait dans l'intérieur de la ville que ce qui se préparait au dehors. Nous rencontrons chez lui maint détail intéressant, qui ne figure ni dans Zwinger, ni dans la *Tragœdia Mylhusina*. Nous citerons comme exemples le tableau de la torture infligée au bourgmestre Ziegler (fol. 57[b]), la fuite de l'aubergiste qui avait reçu chez lui les envoyés des cantons protestants et qui dut quitter la ville, caché sous un amas de fumier (fol. 59[b]), les préparatifs des artificiers français la veille de l'assaut (fol. 93[a]), l'outrage subi par Guillaume de Diesbach à l'Hôtel de ville (fol. 105[b]). On pourrait signaler encore l'intervention d'une femme auprès d'Erlach, pour empêcher la continuation du massacre (fol. 109[a]), la curieuse anecdote du peu courageux Hans Zimmermann (fol. 156[b]), le procès de l'armurier Thummel (fol. 123[a]), et bien d'autres traits encore. En d'autres endroits nous rencontrons des variantes aux faits déjà connus. D'après la *Tragœdia* (Stœber, p. 30), le bourgmestre Othmar Finck se sauve de la ville en se glissant le long d'une corde jusqu'au bas des remparts ; dans la *Beschrybung* (fol. 51[b]) ses fils creusent un trou dans les murs et le font évader de la sorte. Plus tard l'arrestation de Jacques Fynninger est raconté d'une façon divergente (fol. 86[a]) du récit de Zwinger, extrait par Stœber (p. 35), etc.

Notre récit est également très riche en données sur les délibérations qui eurent lieu et sur les correspondances politiques qui furent échangées, préalablement à l'entrée en campagne, par les confédérés suisses, tant protestants que catholiques. A voir le nombre des pièces diplomatiques citées, le soin scrupuleux mis à relater les

---

[1] On pourrait signaler une exception bizarre ; c'est l'innocente manie du narrateur d'appeler constamment le docteur Schreckenfuchs, le véritable instigateur du mouvement, *Erschreck den Fuchs*.

[2] Parmi ceux qui sont loués le plus vivement figure Zwinger pour avoir travaillé « *aus grossem iffer* », du haut de la chaire, contre ses collègues Henri Haffner et Sébastien Menckel.

entrevues avortées, les conférences les moins importantes, on comprend immédiatement que le travail est fait en vue d'un public particulier, qui ne peut être que le public des cantons protestants de la Suisse, ou pour mieux dire, les autorités publiques diverses de ces mêmes régions.[1] Le dialecte du narrateur indique sans contredit une origine suisse; nous ne nous tromperons pas en disant plus explicitement encore qu'il était Bernois. On le devinerait rien qu'aux proportions épiques données à un épisode, également indiqué par la *Tragœdia* (Stœber. p. 33), mais en quelques mots seulement.[2] Il s'agit d'un malheureux barbier de Berne, qui voulut quitter Mulhouse avec l'ambassadeur Nicolas Manuel et que la populace empêcha de sortir (fol. 67ᵃ-70ᵃ). Les injures lancées par elle au diplomate bernois, font perdre à notre historiographe le sang-froid qui le distinguait avantageusement jusqu'ici. Il les rend aux « rebelles » avec usure, les traitant de « chiens enragés », de « cochons furieux », de « tigres », et il déclare tout net aux Mulhousiens qu'ils sont « une nation maudite. »[3]

Ces suppositions sur l'origine de notre récit ne pouvaient avoir un caractère de certitude absolue, aussi longtemps que nous étions réduit aux seules indications que fournissait le manuscrit lui-même. Elles l'ont acquis depuis, quand j'ai pu consulter la *Bibliothèque*

---

[1] Le fait même que notre écrit est adressé à quelqu'un, public ou autorité, ressort de certaines tournures de rédaction. comme par ex. fol. 79ᵃ : « *Nun habend ihr hie verstanden wie sich die uffrürischen, etc.* Son origine officielle ressort également des phrases finales de la rédaction : » .... *Gemelten herren gesandten .... haben für gutt unnd fruchtbar angegeben .... das sollche ellende und erbermte kilch historri sollte.... flyssig unnd grundtlich in gschrifft verfasset unnd damnach mengklichem zu guttem .... in offentlichen truck gebenn unnd verfertigen lassen* » (fol. 152ᵃ 153ᵃ.)

[2] *Toube hunddt.... wüttendes schwyn.... thigerdieren.... viehisch wesen.... verfluechte nattion.* »

[3] On pourrait conclure aussi à la provenance bernoise, en combinant l'indication du catalogue de vente, attribuant notre récit à un J. Müsslin, avec la présence d'un Abraham Müslin, « *dienern der kilchen zuo Bern* », qui figurait, d'après le texte édité par Stœber (p. 80), comme aumônier militaire dans l'armée d'occupation suisse.

Helvétique de Haller.[1] Au tome V de ce précieux manuel bibliographique. j'ai trouvé, parmi plusieurs autres manuscrits relatifs à la révolution de Mulhouse, l'indication d'un second exemplaire de la relation qui nous occupe. Haller, après en avoir donné le titre, qui concorde absolument avec celui de notre copie, ajoute : « Mon exemplaire compte 460 pages in-8°. Généralement cette *Description* fait suite à la *Chronique* de Jean Haller (un ancêtre de l'écrivain). L'auteur en est Abraham Mæussli ou Musculus, le même qui continua la *Chronique* en question. Il fut d'abord pasteur à Thun, puis, à partir de 1565, pasteur à Berne. En 1586, il y devint doyen de la cathédrale et mourut en 1591. C'est un récit véridique, très étendu et écrit avec une grande simplicité. »

Ces indications doivent faire cesser, à notre avis, toute hésitation sur la provenance du récit anonyme. Il reste donc établi, par le témoignage de Haller, que c'est une narration, pour ainsi dire officielle, rédigée, sur la demande des ambassadeurs des cantons protestants envoyés à Mulhouse, par l'aumônier militaire de l'armée du siège, pour expliquer sans doute et pour justifier auprès de leurs compatriotes, l'ingérence à main armée de Bâle, de Zurich et de Berne, dans les affaires intérieures d'une ville alliée.

En dehors des travaux de Zwinger et de Müsslin, Haller en connait encore plusieurs autres sur le même sujet, qui sont restés également inédits et dont nous n'avons rencontré la mention dans aucune source alsacienne. Nous croyons donc rendre service aux travailleurs de notre province, en transcrivant ici les indications sommaires de l'ouvrage, assez rare aujourd'hui, du patricien bernois.

Sous le n° 618, il mentionne une *Beschreibung der belagerung und einnemung der stadt Mülhausen*, rédigée par Wurstisen, l'auteur bien connu de la *Chronique de Bâle*, et qui ne fut pas publiée

---

[1] HALLER, *Helvetische Bibliothek*, V, p. 199, n° 616. Nous tenons à remercier ici tout particulièrement M. le docteur Sieber, bibliothécaire en chef de l'Université de Bâle, dont l'obligeance éprouvée nous a permis de consulter à loisir l'ouvrage du savant bernois.

plus tard pour des motifs d'ordre public. Mais les quatre cantons protestants dédommagèrent les héritiers de l'historien en leur accordant une gratification convenable. Nous ne savons si le manuscrit en subsiste encore.

Sous le n° 619, Haller donne le titre d'un autre manuscrit, qui se trouve à la Bibliothèque municipale de Zurich : « *Von den ersten ursachen und anfaengen des neydts zwüschendt der stadt Müllhausenn und ihren burgern den Fynningern, und wie man sie überzogen und die stadt eingenomen ward.* » Ce récit, comprenant 260 pages in-folio, serait dû, d'après Haller, à Jean Basler, né en 1613, pasteur à Sirnach, puis à Hinwyl, décédé le 29 septembre 1674. Il assure que c'est une des relations les plus complètes et les plus détaillées sur la matière ; qu'on y rencontre une foule de détails qu'on chercherait vainement dans tout autre historien, et qu'elle est riche surtout en documents officiels.[1] Ce témoignage, émanant d'un homme qui avait étudié de près Zwinger, Müsslin, etc., devrait engager, ce nous semble, quelque érudit de Mulhouse à soumettre le travail de Basler à un examen plus approfondi.

Enfin Haller mentionne encore, sous le n° 615, une relation contemporaine imprimée, relative aux mêmes événements. En voici le titre : « *Wahrhafftige und grundlich newe zeitung, welcher massen die fürnemme stadt Müllhausen in Schweiz gelegen, in diesem 1587ten iar, den 1ten Juni von den vier orten Bern, Basel, Zürich und Schaffhausen beleget und folgends den 25. diss mit schrœcklichem blutvergiessen erobert und eingenommen worden ist. Augsburg, bey Bartholomæo Kappeler, in-4°.* »

Les cantons protestants suisses, ajoute M. de Haller, furent vivement froissés par le ton de ce factum. Dans une lettre du premier août — ainsi quelques jours à peine après que les brochures ont pu arriver jusqu'à lui — le gouvernement bâlois se plaignait amèrement au Magistrat d'Augsbourg de ce « triste pamphlet. »

---

[1] Haller, V, p. 202.

Zurich, de son côté, désignait cette pièce comme une « indigne et mensongère rhapsodie » dans les instructions officielles qu'elle donnait à son ambassadeur le 13 août 1587, en vue de la diète de Baden. Nous ne connaissons point par d'autre source cette brochure, assurément fort rare, et nous ne pensons pas qu'elle figure dans l'un de nos dépôts publics d'Alsace.

III.

Nous demandons la permission d'ajouter à cette notice bibliographique quelques considérations plus générales sur l'événement qui se trouve narré dans nos deux manuscrits; elles nous ont été suggérées par leur examen consciencieux. Doit-on voir, comme on l'a fait généralement jusqu'ici, dans la révolution de 1587, un épisode historique purement local et sans portée plus considérable ? Les intérêts particuliers lésés de quelques bourgeois remuants, l'arrogance, véritable ou prétendue, des chefs du Magistrat, les malversations, nullement établies du reste, du secrétaire d'Etat, les rancunes féminines[1], ont-elles été les seules causes de cette « rébellion » qui sollicita si fort, ainsi que nous l'avons vu, la curiosité des contemporains ? Assurément l'on a vu des causes plus insignifiantes encore produire des effets plus considérables. Mais on pourrait cependant rattacher cet épisode de l'histoire locale aux événements de l'histoire générale d'alors, sans faire violence aux faits et en se basant, sinon sur de preuves certaines, du moins sur des indices qui ne nous paraissent pas devoir être écartés sans plus mûr examen.

Les années 1585-1588 marquent, on le sait, l'apogée de la réaction catholique dans l'Europe occidentale. C'est le moment où Philippe II fait un effort suprême pour reconquérir la domination universelle, le moment où Guillaume le Taciturne succombe aux coups de Balthasar Gérard, où l'on arme l'*Invincible Armada,* où

---

[1] La *Description* appuie à plusieurs reprises sur ce rôle provocateur des femmes de Mulhouse sans l'expliquer clairement d'ailleurs. Voy. par ex. fol. 112[b].

la tête de Marie Stuart tombe sur l'échafaud de Totheringay. C'est à ce moment aussi que sont livrées les batailles de Coutras et d'Auneau, et que se consomme en France l'anéantissement définitif de la puissance politique des Valois, au profit des Guises et des Bourbons. En Allemagne les Jésuites dominent de plus en plus l'imbécile Rodolphe II, et les affaires de Cologne et d'Aix-la-Chapelle préludent au conflit que va produire, en Alsace même, la vacance du siége épiscopal de Strasbourg. Au moment où se joue la « tragédie mulhousienne », les principaux chefs de la Ligue se préparent à envahir le comté de Montbéliard, qu'ils ravagent affreusement l'année suivante, et leurs soldats indisciplinés viennent troubler et piller encore les populations de la haute et de la basse Alsace. C'est dans ce cadre général qu'il faut replacer, semble-t-il, les événements particuliers à Mulhouse pour les éclairer de leur vrai jour. Peut-être n'y a-t-il eu là — nous avançons modestement une hypothèse — qu'un chainon dans la longue série de tentatives et d'efforts faits à ce moment même pour ramener partout, de gré ou de force, les ouailles perdues et les anciens sujets dans le giron de l'Eglise catholique et sous la domination de la maison d'Autriche? Les Fynninger et le docteur Schreckenfuchs n'auraient-ils été que les agents ou les instruments de cette tentative de restauration politique et religieuse, à laquelle s'associèrent en secret la régence d'Ensisheim et les cantons catholiques de la Suisse? On doit être frappé de la part active, quoique peu apparente, que prennent ces deux pouvoirs, ennemis prononcés pourtant de la Réforme et de la liberté politique, au mouvement, si démocratique en apparence, de la cité de Mulhouse. Quand Schreckenfuchs est expulsé de Mulhouse en 1586, qui voyons-nous intercéder en sa faveur? La régence d'Ensisheim, l'abbé de Murbach, la noblesse entièrement catholique de la haute Alsace, le recteur de l'Université de Fribourg, dirigée par les Jésuites.[1] Pendant le procès qu'intente le nouveau Conseil au bourg-

[1] Il semblerait même que le beau-frère de Schreckenfuchs ait été fonctionnaire autrichien lui-même. Mieg (I, p. 158) a différemment interprété ce passage de Zwinger (fol. 13ᵃ), en faisant du recteur de Fribourg le frère du démagogue mulhousien. Peut-être son texte était-il légèrement différent du nôtre.

mestre déposé, Ziegler, c'est un notaire impérial d'Ensisheim, Gaspard Hermann, qui vient à Mulhouse tenir le procès-verbal de la mise à la torture. Quand il s'agit de solliciter des alliances contre l'aggression prévue des cantons protestants, c'est aux Jésuites de Fribourg que s'adressent les meneurs, en leur envoyant le conseiller Friess, leur collègue, afin qu'ils intercèdent auprès de l'évêque de Bâle, qui doit leur procurer, à son tour, l'alliance des cantons catholiques. Au moment où la marche en avant des *Eydgenossen* est décidée, ce sont deux ambassadeurs autrichiens, le sire Augustin Reich et le docteur Betz, qui tâchent d'empêcher le passage en armes des Suisses par les terres du Sundgau. Enfin quand les confédérés ont établi déjà leur camp devant Mulhouse, une dernière ambassade arrive d'Ensisheim pour demander qu'on épargne les bourgeois, les soldats, tous les rebelles en un mot, sans exception notable, qu'on leur rende et leurs biens et leur liberté. Sollicitude assurément bizarre de la part d'un gouvernement si conservateur, s'il ne s'agissait là que de révoltés contre l'autorité légitime, mais qui s'explique bien si l'on avait, pour d'autres motifs, soutenu les coupables et si l'on craignait maintenant les révélations des captifs et les aveux arrachés par la torture.

L'attitude des cantons catholiques n'est pas moins significative. C'est le moment où ils fournissent aux rois de France leurs meilleures troupes pour étouffer l'hérésie. Profondément dévoués au Saint-Siège, toujours prêts à obéir aux conseils de la nonciature de Lucerne,[1] pourquoi n'auraient-ils pas été disposés à ramener aussi Mulhouse, sinon dans la main des Habsbourg — ce qui ne pouvait leur convenir —, du moins sous la tutelle de l'Eglise ? L'intérêt qu'ils

---

[1] Mon savant ami, M. X. Mossmann, m'a fort affermi dans cette manière de de voir en m'écrivant à son retour de Rome : « La correspondance des nonces de Lucerne (avec le Saint-Siège) est une mine d'un prix inestimable ; elle montre, jusque dans le moindre détail, l'action permanente de la cour de Rome sur nos affaires.... Rome tenait les fils qui nous faisaient mouvoir en Alsace » L'érudit archiviste de Colmar se réserve de donner plus tard des preuves curieuses de cette ingérence du Saint-Siège dans nos affaires locales au XVIe et au XVIIe siècle.

auraient porté aux affaires particulières des Fynninger, ne peut suffire évidemment à motiver la résolution subite que prirent les confédérés catholiques de dénoncer leur alliance à Mulhouse en octobre 1586. Ils ont pris probablement cette mesure inattendue pour ne point être accusés d'une perfidie trop noire, en favorisant le complot qui se tramait contre l'indépendance religieuse ou politique de leur ancienne alliée. Le rapport si curieux, envoyé de Soleure par Mathias Fynninger à l'un de ses amis de Mulhouse, à la date du 6 juin 1587, et sans doute intercepté par les autorités bernoises, jette, à notre avis, une lumière bien vive sur les dispositions des cantons catholiques. Les conseils de l'avoyer Pfyffer de Lucerne indiquent pour le moins une complicité morale de leur part, un désir peu honnête de voir la querelle se dénouer par la force brutale, tout en gardant une attitude de neutralité apparente, qui n'aurait assurément pas été conservée par la suite, si la tournure des événements avait répondu dès l'abord aux vœux et aux espérance du parti.[1]

C'est aussi Pfyffer qui engage Fynninger à pourvoir sans retard Mulhouse d'une garnison de gens solides, recrutés dans leur voisinage (c'est-à-dire sur les terres d'Autriche) ; l'auteur de la *Description* nous confirme dans notre manière de voir en racontant, sans en tirer d'ailleurs aucune conséquence lui-même, que les révolutionnaires « armèrent un ramassis de gens divers, Bourguignons, Savoyards, Lorrains, Souabes, Rhénans, Wurtembergeois, Alsaciens, Suntgoviens » etc.[2] On ne peut s'empêcher de remarquer que la majeure partie des contrées énumérées ici possédaient alors une population purement catholique.

Je sais bien ce que l'on peut objecter à l'hypothèse que nous ne faisons qu'indiquer ici. Mulhouse, nous dira-t-on, était une cité protestante et rien ne permet de croire qu'on y désirait une contre-

---

[1] *Beschrybung*, fol. 77ᵃ-79ᵃ.

[2] *Beschrybung*, fol. 60ᵃ.

réformation catholique. La majorité des ecclésiastiques protestants de la cité se rattachait au mouvement, et d'ailleurs le paragraphe IV des articles qui furent affirmés sous la foi du serment, le 7 et le 8 février 1587, par les malcontents tous ensemble, porte expressément qu'on n'abandonnera point la religion évangélique. De plus, rien, dans les écrits officiels, tels qu'ils nous sont connus, rien dans votre *Description* elle-même, pour laquelle vous revendiquez une origine quasi officielle, ne nous montre que les cantons protestants aient songé à porter contre la maison des Habsbourg ou leurs confédérés catholiques une accusation pareille à celle que vous semblez diriger contre eux. Enfin, quels intérêts communs imaginer entre la politique du Saint-Siège et de turbulents démagogues?

Sans méconnaitre la valeur sérieuse de plusieurs de ces objections, il n'est pas impossible d'y répondre. Nous ferons remarquer tout d'abord que nous n'avons point prétendu qu'il y eût, à Mulhouse même, une tendance marquée vers le retour au catholicisme. Mais les meneurs du parti n'étaient assurément pas tous protestants. Schreckenfuchs — cela nous parait ressortir du passage de Zwinger cité précédemment en note — était catholique d'origine et, quant aux frères Fynninger, les historiens sont d'accord pour affirmer qu'ils se convertirent — par politique ou par conviction, peu importe —, au cours de leurs démêlés avec leur ville natale. Ce n'est pas assurément du frère d'un Jésuite et de deux apostats que l'on peut attendre une sollicitude fort grande pour la cause du protestantisme. L'article IV du document que nous venons de citer prouverait tout au plus que les meneurs, pour ne pas effaroucher certains de leurs complices et la masse naïve des bourgeois rebelles, se crurent obligés de masquer leurs intentions véritables par une déclaration pareille.[1] Si l'on appuie donc sur cet article IV, nous ferions remar-

---

[1] On pourrait même dire que le gros bon sens populaire flaira le danger, malgré l'habileté des chefs, puisque les meneurs se virent obligés de promettre formellement qu'on respecterait la confession protestante, dans un document qui ne devait se rapporter qu'à des griefs purement politiques.

quer aussi que l'article VII défend absolument toute alliance avec les cantons évangéliques, et qu'en mars 1587, le nouveau Conseil donna l'ordre formel aux prédicateurs de la ville « de ne pas prêcher contre le papisme. »

Il n'est pas difficile non plus de comprendre pourquoi les cantons protestants, une fois la cause entendue et le danger écarté, n'ont point eu envie de lancer contre leurs alliés une accusation pareille. Elle ne pouvait qu'envenimer encore leurs rapports, déjà passablement tendus, sans qu'il en résultât aucun avantage appréciable pour eux. Les cantons catholiques de leur côté, tout comme la régence d'Ensisheim, se seront bien gardés de rien avouer de leur connivence avec les révolutionnaires vaincus, ou d'attirer, d'une façon quelconque, l'attention publique sur leur participation secrète aux troubles de Mulhouse. Il n'est pas exact d'ailleurs de dire que nos documents ne nous apprennent rien à cet égard. D'abord on n'a point encore exploré sur ce point les archives de Bâle, de Zurich et de Berne, et qui sait ce qu'on y trouvera quelque jour? Mais, en dehors de ce contingent possible de révélations futures, n'avons-nous pas la notice de Haller sur le récit de Wurstisen, supprimé par les gouvernements protestants dans un esprit de prudence ou de concorde, uniquement peut-être parce qu'il était trop fidèle? Et Haller ne nous dit-il pas également que le pamphlet imprimé à Augsbourg en juillet 1587, au lendemain de la crise, prétendait « que les quatre cantons *avaient voulu forcer les Mulhousiens à rester fidèles à leur religion à eux?*[1] Ce pamphlet, d'origine catholique sans doute, comme la plupart des publications faites à cette époque dans la vieille ville impériale, nous indique au moins que l'opinion populaire *catholique* voyait une question religieuse au fond de la lutte engagée à Mulhouse, quand bien même il ne nous donnerait pas sur ce point la « vérité vraie » de l'histoire.[2]

---

[1] Haller, V. p. 169.

[2] Nous voyons qu'il en était de même du côté protestant par la dénomination de *Guelfes* et *Gibelins* affectionnée par Zwinger, et par le terme « d'histoire ecclésiastique » (*kilchhistori*) employé par Müsslin, pour désigner son récit.

Enfin nous prierons ceux qui nous demandent quelles alliances impossibles, quels compromis absolument invraisemblables nous nous ingénions à établir entre les représentants attitrés de la réaction politique et religieuse de l'époque et les instincts révolutionnaires sur lesquels s'appuyèrent les meneurs du mouvement à Mulhouse, de se reporter un instant à trois siècles en arrière. La fameuse alliance du trône et de l'autel n'a pas existé de tout temps. Il y a eu des moments dans l'histoire où les représentants de l'Eglise n'ont point reculé devant la proclamation de doctrines bien contraires à cet étroit accord entre l'absolutisme politique et religieux. Aucune des ruptures temporaires entre ces deux alliés naturels n'a été plus accentuée peut-être que celle qui se produisit à l'époque même dont nous parlons. Qui ne connait tant d'épisodes significatifs de l'histoire de la Ligue, le régicide prêché du haut de la chaire chrétienne et mis en pratique par le poignard d'un moine, les traités des casuistes les plus fameux d'alors remplis des théories politiques les plus radicales? Qu'y a-t-il donc d'impossible à ce que, dans l'intérêt même du but à atteindre, il se soit formé quelque alliance momentanee entre les puissances voisines, dirigées par l'Eglise et les meneurs du parti démocratique à Mulhouse? Nous n'examinerons pas, pour le moment, si l'alliance était sincère de part et d'autre et si chacun des partis contractants n'espérait pas au fond du cœur duper l'autre en définitive. La supposition n'a rien d'invraisemblable, tout le monde sachant — j'entends ceux qui veulent bien étudier l'histoire — que la fable de Bertrand et de Raton est vieille comme le monde.

Telles sont les principales considérations qui me poussent à ne pas regarder comme purement gratuite l'hypothèse, attribuant à la révolution mulhousienne de 1587 une importance plus générale qu'on n'a voulu l'admettre jusqu'ici.

J'ai hâte d'ajouter encore une fois, comme je le disais déjà plus haut, que je ne trouve point pour cela l'origine exclusive du conflit dans les machinations du dehors. J'admets pleinement, qu'on fasse valoir, en dehors des projets fomentés de la grande réaction catholique d'alors, les mécontentements locaux, les abus mis à la charge d'un patriciat de plus en plus exclusif et hautain, l'antipathie de l'aristocratie bernoise contre tout mouvement démocratique, etc. Je n'ignore pas que l'opinion de connaisseurs de l'histoire mulhousienne, autrement compétents que moi, est toute en faveur d'un point de départ politique et non pas confessionnel de la crise de 1587. Mais je sais aussi qu'ils sont persuadés que plus tard le parti catholique a cherché à la détourner à son profit.[1]

Il me semble donc que l'hypothèse, esquissée rapidement ici, mériterait au moins les honneurs d'une discussion plus approfondie que celle à laquelle nous avons pu nous livrer dans les pages précédentes. Les documents inédits et les loisirs nécessaires pour les rechercher, nous manquent également pour trancher d'une façon plus acceptable, sinon définitive, le petit problème historique que nous venons de soulever. Mais ce ne serait pas, j'imagine, une tâche ingrate pour un jeune érudit de Mulhouse, s'intéressant au passé de sa ville natale, que de compulser une fois de plus toutes les sources déjà connues, d'en découvrir d'autres encore dans les archives de Suisse et d'Alsace, et de retracer ensuite, d'une manière détaillée, selon les règles de la critique historique, le tableau de la révolution de 1587, en essayant, s'il y a lieu, de la faire rentrer davantage dans le cadre de l'histoire générale du temps.

---

[1] C'est en particulier l'avis de M. Mossmann, à qui j'ai communiqué mon mémoire et qui a bien voulu y reconnaître «une grosse part de vérité.» Cette adhésion, au moins partielle, de l'éditeur du *Cartulaire de Mulhouse*, m'a seule encouragé à produire devant le public mon opinion sur un sujet que je n'ai point eu l'occasion d'étudier d'une façon plus approfondie.

Mulhouse.-Imp. Veuve Bader & Cie

www.ingramcontent.com/pod-product-compliance
Lightning Source LLC
LaVergne TN
LVHW010329230826
846091LV00009B/3786

* 9 7 8 2 0 1 6 1 5 9 1 7 0 *